T...asma

Texto: **Jennifer Moore-Mallinos** / Ilustraciones: **Rosa M. Curto**

BARRON'S

2-3

¡Tengo Asma!

Hay más de seis millones de niños con asma en Estados Unidos y Canadá, y yo soy uno de ellos. Lo descubrí el verano pasado, durante un entrenamiento de fútbol. Hacía mucho calor y corríamos mucho. Al principio pensé que simplemente estaba cansado, pero pronto sentí que me costaba respirar y no podía parar de toser. Me parecía que me faltaba el aire. ¡Me asusté mucho!

Desde el otro lado del campo, mis padres debieron de ver que me costaba respirar, porque antes de que me diera cuenta estaban a mi lado diciéndome que teníamos que ir al hospital.

¡No sabía que mis padres podían correr tanto!

Mientras mi papá conducía el coche, mi mamá iba conmigo
en el asiento de atrás, tratando de calmarme. Me dijo que
cerrara los ojos y tratara de respirar lenta y profundamente.
Al principio me costaba y me parecía que no iba servir
de nada, pero poco a poco pude empezar a respirar mejor.

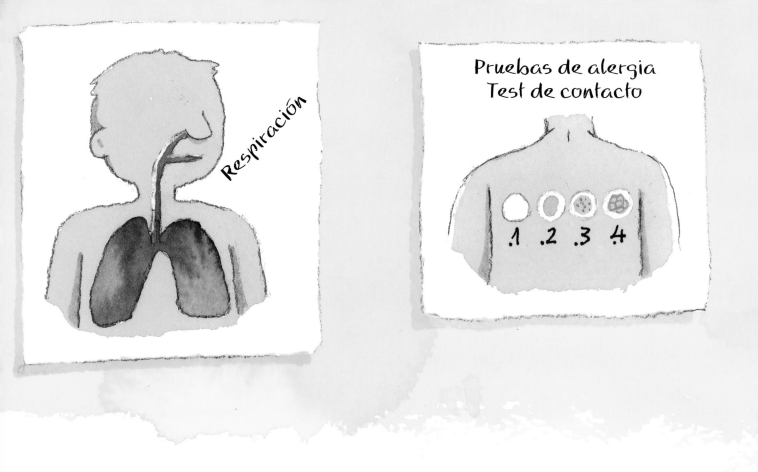

Respiración

Pruebas de alergia
Test de contacto

.1 .2 .3 .4

Aunque el hospital no estaba muy lejos del campo de fútbol, a mí me pareció que no llegábamos nunca. Menos mal que el médico vino a atenderme tan pronto como entramos. Me dijo que tenía un ataque de asma y que necesitaba un medicamento especial para ayudarme a respirar.

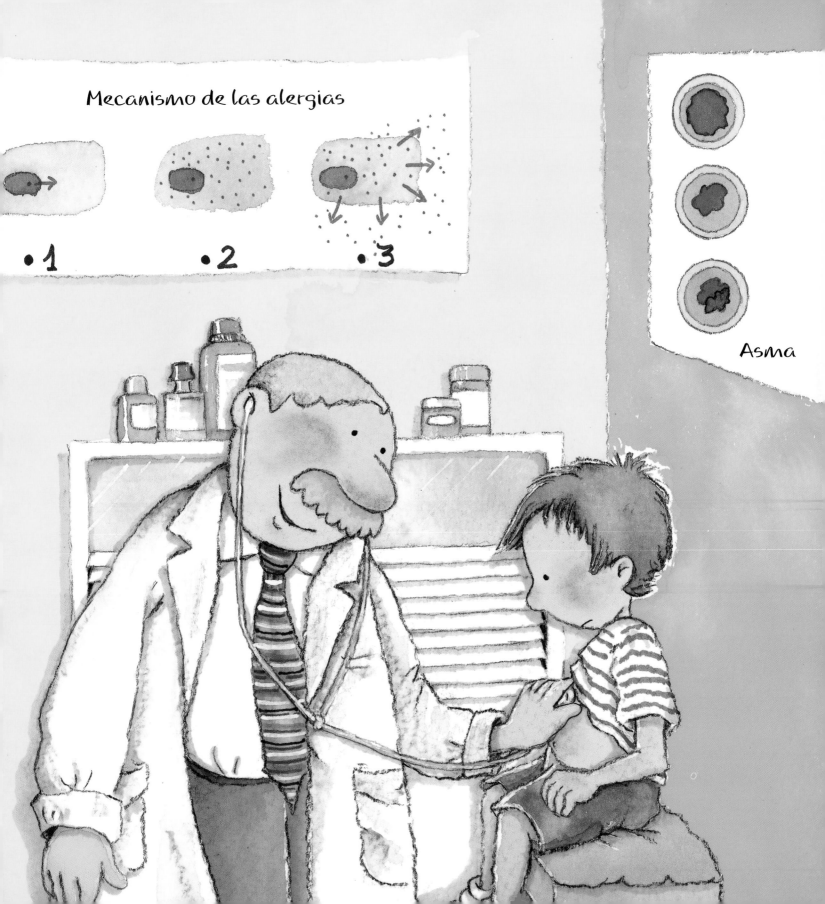

Mecanismo de las alergias

● 1   ● 2   ● 3

Asma

Lo que me dio el médico era diferente a cualquier otro
medicamento que hubiera tomado hasta entonces.
No era como lo que tomas cuando tienes un resfriado,
que viene en cinco sabores diferentes, ni tampoco una píldora,
sino que era un medicamento para inhalar por medio de un
aparatito llamado inhalador. No tenía sabor a nada y era más
fácil que tragar una píldora, así que me sentí más tranquilo.

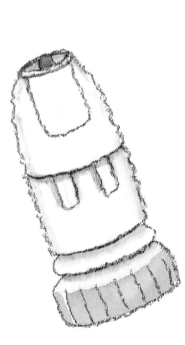

Antes de salir del hospital, el médico
nos explicó lo que me había pasado.
Si tosía tanto y me costaba respirar
era porque no podía hacer llegar
bien el aire a los pulmones.
Tenía inflamado el tubo que
lleva el aire hasta los
pulmones, y el medicamento
que me dieron me ayudó
porque hizo desaparecer
parte de la inflamación.

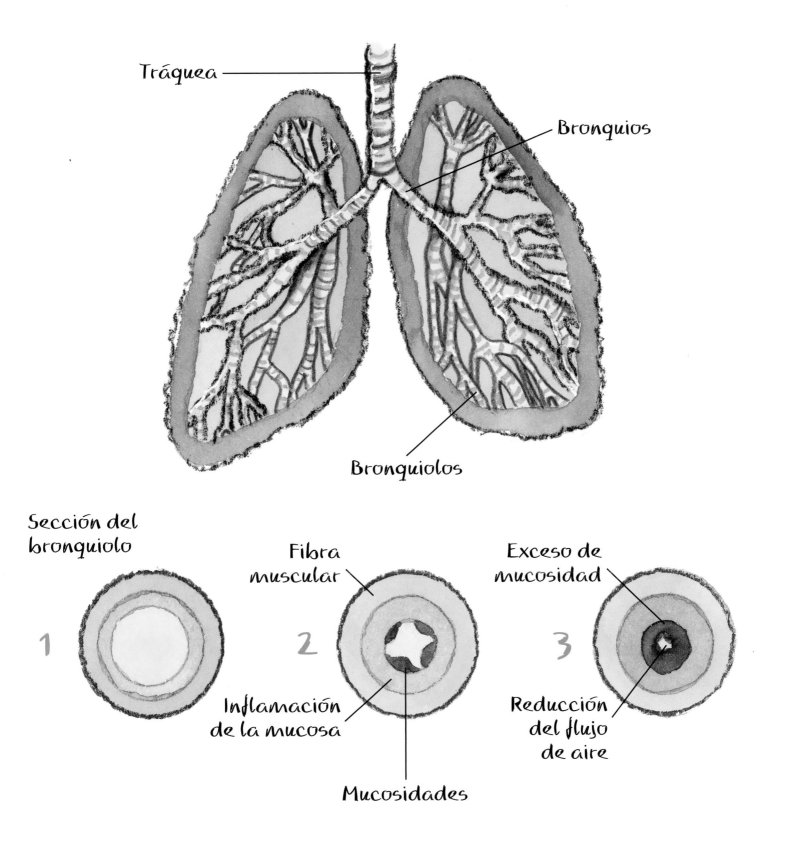

Tráquea

Bronquios

Bronquiolos

Sección del bronquiolo

1

Fibra muscular

2

Inflamación de la mucosa

Mucosidades

Exceso de mucosidad

3

Reducción del flujo de aire

Cuando volvíamos a casa desde el hospital, mi papá me preguntó si quería que pasáramos por el campo de fútbol a ver si el equipo todavía se estaba entrenando. Yo no estaba seguro de querer ir pues tenía miedo de que, al enterarse que tenía asma, mis compañeros no quisieran estar conmigo. Pero antes de poder decir que no, mi papá ya había estacionado y hacía sonar la bocina.

Cuando nos vieron, todos dejaron de entrenarse y corrieron hacia nosotros. Mis padres se bajaron del coche, pero yo me quedé dentro, con las ventanillas cerradas, esperando. Pensaba que si me quedaba allí, me dejarían tranquilo y volverían al campo. ¡Pero no fue así! Empezaron a dar gritos de alegría y a llamarme. No tuve más remedio que salir del coche.

Todos estaban encantados de verme. El equipo entero, incluso el entrenador, me dio un abrazo. Con tantas emociones, casi me olvidé de que tenía asma. Volvía a ser como cualquiera de los otros niños. El entrenador me preguntó si deseaba finalizar el entrenamiento, pero yo no quería decirle que ya no podía jugar al fútbol, así que miré a mis padres como pidiéndoles ayuda para dar la noticia.

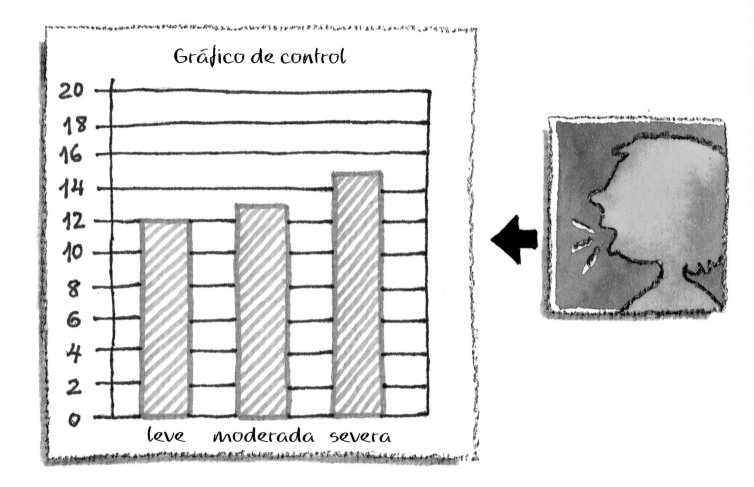

Gráfico de control

| 20 | 18 | 16 | 14 | 12 | 10 | 8 | 6 | 4 | 2 | 0 |

leve   moderada   severa

Pero mis padres me dijeron de que el médico
creía que podría seguir jugando al fútbol, siempre
que tomara el medicamento antes de jugar y
lo volviera a tomar si comenzaba a toser o me
costaba respirar. Me alegré de poder jugar, pero
estaba asustado y no quería que nadie supiera
que tenía asma. No sabía qué hacer.

Mientras trataba de decidirme, uno de mis compañeros se acercó a mí y en voz baja me preguntó si tenía asma. Cuando contesté que sí, me dijo que a él le sucedía lo mismo.

¡Qué sorpresa! ¿Cómo podía ser que el jugador más rápido del equipo tuviera asma?

Mi compañero me dijo que tiene asma desde que era muy pequeño, pero que igualmente puede hacer todo lo que le gusta, como jugar al fútbol, siempre que use su inhalador antes de cada entrenamiento y de cada partido, para ayudar a evitar un posible ataque. Por si acaso empieza a toser o tiene problemas para respirar, siempre lleva consigo su inhalador.

Desde aquel día, he conocido a montones de niños que tienen asma, como yo. Algunos incluso nacen asmáticos. ¿Sabías que el polvo y la contaminación pueden causar asma y alergias a algunos niños, y que para otros la causa puede ser el estado del tiempo, o incluso el ejercicio? Ahora sé más sobre mi enfermedad que antes, aunque todavía me quedan muchas cosas por aprender. Pero sobre todo, ahora ya no me asusta tanto tener asma.

Sigo jugando al fútbol con mi equipo y me encanta.
Vaya donde vaya, siempre me aseguro de llevar
mi inhalador. Hay muchos niños que tienen asma,
pero eso no significa que tengamos que dejar de
ser niños y de divertirnos.

Actividades

Consejos de prevención

Todos los síntomas de la alergia pueden aliviarse con tratamientos médicos, aunque la mejor solución está en la prevención. Los especialistas dicen que la mejor prevención es evitar el contacto con los elementos que favorecen estas alergias. Eso no siempre es posible, pero lo que sí podemos conseguir es que sus efectos sean menores y sus síntomas más llevaderos.

A continuación te damos diez consejos o recomendaciones para sentirte mejor:

1 Lávate las manos y la cara siempre que puedas. Sin darte cuenta, quizás has estado en un sitio lleno de polvo o polen, y por eso es importante que cuides siempre tu higiene.

2 Durante el período de polinización hay que evitar las salidas al aire libre, especialmente entre las cinco y las diez de la mañana y las siete y las diez de la noche. Los jardines, el campo y los parques son los lugares donde más abunda el polvo. Evita tumbarte en el césped y aléjate de las zonas donde se esté cortando hierba o podando arbustos.

3 Los días soleados, secos y ventosos son los peores para las personas con alergia, ya que la concentración de polen es mucho mayor.

4 Al parecer, la polinización es más duradera en la montaña que en la playa, pues la brisa marina evita la concentración de polen y polvo.

5 No se recomienda hacer ejercicio a primera hora de la mañana; es mejor esperar hasta el atardecer. El deporte más adecuado es la natación, porque se practica en un ambiente libre de polvo.

6 Los productos de limpieza pueden contener elementos químicos que favorezcan una alergia o que generen problemas respiratorios momentáneos. Intenta evitar los cuartos donde estén limpiando con estos productos.

7 Evita los muñecos de peluche, pues en ellos se suele acumular mucho el polvo y los ácaros. Si tienes alguno, lávalo con frecuencia en la lavadora.

8 Duerme con las ventanas cerradas, ya que la mayoría de las plantas desprenden su polen por la noche.

9 Cuando vayas en coche, es preferible que las ventanillas estén cerradas para evitar que entre el aire con polen.

10 Antes de comer algo que no hayas probado nunca, pregunta si contiene alguna sustancia que te pueda provocar alergia.

Seamos detectives

Como hemos visto en el texto, hay muchos niños que tienen asma. De hecho, probablemente hay muchos niños en tu escuela que tú ni siquiera conoces que tienen asma.

Juguemos a ser detectives y averigüemos exactamente cuántos niños en tu escuela tienen asma.

La mejor forma de conseguir información de un gran número de personas, como las que hay en tu escuela, es hacer una encuesta. Una encuesta es una lista de preguntas sobre un tema concreto, por ejemplo el asma. Las encuestas son una forma magnífica de encontrar mucha información sobre algo.

Cuando estés preparando la lista de preguntas, ten presente la clase de información que quieres averiguar. Por ejemplo, ¿hay más niños que niñas con asma o al revés, más niñas que niños que tienen asma?

También trata de incluir preguntas que puedan contestar niños que no tienen asma. Por ejemplo, puede ser interesante descubrir qué saben sobre esta enfermedad los demás niños e incluso los maestros. ¿En la biblioteca de tu escuela hay libros sobre el asma? ¿Qué pasa en la clase de gimnasia cuando un niño con asma tiene que sentarse a descansar? ¿Los demás niños piensan que le dan un tratamiento especial o entienden que porque tiene asma necesita descansar más a menudo que los demás?

Los resultados serán muy interesantes. Tal vez descubras que hay pocos niños en tu escuela que tienen asma o al revés, que hay más niños con asma de lo que tú pensabas. Los resultados de tu encuesta incluso pueden demostrar que no son muchas las personas (incluyendo niños y maestros) que saben cosas sobre el asma. Tal vez enseñar cosas sobre el asma a los demás sea una buena idea.

La bolsa del inhalador

Tener que llevar el inhalador encima donde quiera que vayas, a veces puede ser un problema. ¿Cuántas veces has perdido el inhalador en el fondo de tu mochila? Y llevarlo en el bolsillo es muy incómodo, ¿no?

Lo que puedes hacer es diseñar tu propia bolsa del inhalador. No sólo te ayudará a saber dónde está el inhalador, sino que también te será más fácil llevarlo contigo dondequiera que vayas.

4 Si quieres que tu bolsa tenga asa, simplemente corta una tira de tela, de la medida que te parezca y fija un extremo a cada lado de la bolsa. Puedes usar pegamento para tela o hilo y aguja para fijar la tira que hará de asa.

Ahora ya puedes decorar la bolsa. Tal vez te gustaría usar pegamento brillante o rotuladores de colores vivos. Elijas lo que elijas, sé creativo y diviértete.

Cómo hacer tu bolsa del inhalador

1 Con la ayuda de un adulto, corta un trozo rectangular de tela de aproximadamente 30 x 23 cm. Puedes utilizar unas tijeras de filo recto o de filo dentado; tú eliges.

2 Dobla la tela por la mitad.

3 Pega o cose ambos lados doblados. ¡Ojo! NO pegues ni cosas la parte superior. Si decides usar pegamento, deja que se seque antes de continuar.

Con la ayuda de un adulto, cose un botón grande en el medio de la parte interna superior. En el lado opuesto, exactamente delante del botón, haz un pequeño corte que será el ojal.

1

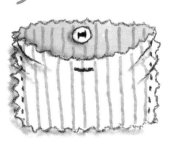

2

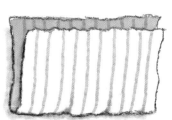

3

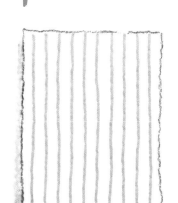

4

Guía para los padres

El propósito de este libro es reconocer la frecuente presencia del asma entre los niños y algunas de las realidades que los niños asmáticos pueden experimentar.

El diagnóstico de asma suele causar miedo en muchos niños y sus padres. Algunas de estas ansiedades y temores se pueden calmar simplemente sabiendo más sobre la afección y cómo tratarla. ¡Es sorprendente lo que puede hacer un poco de información y conocimiento para que sintamos que controlamos la situación!

Aunque hay varias características comunes a todos los enfermos de asma, la experiencia de cada niño puede variar significativamente. No sólo hay diferencias en la gravedad de los síntomas, sino también puede ser distinta la disposición del niño a enfrentarse a la dolencia.

Como vimos en el texto, es importante que todos los niños afectados de asma intenten controlar la enfermedad. Aprender a tomar sus medicinas y cerciorarse de que las tienen consigo en todo momento son formas fáciles de que los niños consigan una sensación de control del problema y de proporcionarles la oportunidad y la libertad de ser niños como los demás.

Se espera que después de la lectura de este libro haya una mayor comprensión del asma y que quede eliminado cualquier estigma relacionado con la enfermedad.

El texto que sigue fue obtenido de la American Lung Association (Asociación Pulmonar Norteamericana). Es preciso destacar que aunque se trata de información muy útil, es sólo una pequeña parte de una enorme cantidad de información disponible. La investigación adicional puede ser beneficiosa para adquirir una comprensión más completa del asma.

Los niños y el asma

¿Sabía que el asma es una de las enfermedades crónicas (duraderas) más frecuente en la infancia? De hecho, más de 6 millones de niños menores de 18 años la padecen en Estados Unidos y Canadá. La palabra "asma" viene de una expresión griega que significa "respirar mal".

¿Qué es el asma?

Es una inflamación o hinchazón de las vías respiratorias. Cuando éstas se inflaman o se hinchan, quedan en mayor o menor medida obstruidas o bloqueadas, causando tos excesiva y una respiración silbante. Muchos enfermos se quejan de que sienten una presión en el pecho como un gran peso puesto encima.

¿El asma se puede curar?

No se puede curar pero sí controlar, al menos casi siempre. Por eso es esencial conocer sus señales y síntomas y entender qué es el asma, así como qué puede causarlo o potenciarlo.

Señales y síntomas de asma

La enfermedad no afecta a los niños en forma constante. En general, cuando se presenta, se produce un episodio asmático en el que las vías respiratorias se estrechan y, cuando esto sucede, la respiración se hace difícil. Otras señales y síntomas de la afección son tos, respiración silbante, mucosidad líquida constante que fluye de la nariz, opresión en el pecho y acentuada dificultad para respirar.

¿Qué desencadena el ataque asmático?

Algunas cosas que pueden originar o aumentar un ataque de asma son el ejercicio físico, resfriados, el polvo doméstico y los ácaros que contiene, alergias, agentes irritantes, el estado atmosférico e incluso las emociones.

Infección

En muchos niños, un simple resfriado puede originar un ataque de asma.

Ejercicio físico

En el 80 por ciento de los niños afectados, el hecho de correr puede desencadenar un ataque. Si se usa la medicina específica para la afección (broncodilatador) antes de hacer ejercicio, es posible prevenir la mayoría de episodios asmáticos. En algunos niños, correr durante mucho rato —sobre todo cuando hace frío—, estar en época de alergias o sufrir un simple resfriado, son causas suficientes para que comiencen a sentir los síntomas.

Polvo doméstico

¿Sabía que hay unas arañitas minúsculas que viven en las casas y que se conocen como ácaros del polvo? Y tal como su nombre indica, les encanta vivir donde haya polvo. Así pues, los habrá en todos los lugares de la casa donde exista polvo: los hay en muebles, alfombras, cortinas y almohadas, e incluso en los juguetes de peluche.

Alergia

En muchos niños, los síntomas del asma los puede suscitar una alergia. Algunos ejemplos son la alergia al polvo, el polen de las flores, la hierba, ciertos alimentos y el pelo de los animales.

Agentes irritantes

Todos los agentes irritantes, como el humo de los cigarrillos, la contaminación del aire y los productos de limpieza doméstica, pueden provocar reacciones como tos, respiración en forma de "pitos", sensación de falta de aire y constante flujo nasal.

El tiempo

Los niños con asma parecen ser más sensibles al frío, ya que éste puede causar la aparición de síntomas asmáticos.

Emociones

¿Sabía que la respiración de un niño es más rápida si ha estado llorando, se ha reído mucho o ha gritado? Sentir miedo, enojo o frustración puede potenciar la aparición de síntomas de asma.

Tipos de asma

Hay dos clases principales de causantes del asma: los alérgicos (extrínsecos) y los no alérgicos (intrínsecos). Entre los primeros se incluyen el polvo, el polen y el pelo animal, mientras que los causantes no alérgicos pueden ser el humo del tabaco, el ejercicio físico, la madera, la contaminación e incluso los cambios de tiempo. Evitar estos causantes puede ayudar a prevenir un ataque de asma. El asma infantil se considera extrínseca en casi todos los casos y en los niños se da más a menudo que en las niñas.

Otras clases de asma

Otras formas de asma son la provocada por el ejercicio físico, el asma bronquial, la nocturna y la estacional.

Medicinas para el asma

La medicación recetada con mayor frecuencia a los niños asmáticos son los antiinflamatorios (medicamentos de prevención) y los broncodilatadores (medicamentos para aliviar). Los antiinflamatorios ayudan a reducir la inflamación de las vías respiratorias, en tanto que los broncodilatadores las dilatan y al mismo tiempo relajan el músculo bronquial. Estas medicinas se toman sobre todo mediante un inhalador. En la mayoría de los casos, un niño con asma puede evitar un episodio de la enfermedad tomando la medicina por la mañana y antes de acostarse. Son los llamados específicos preventivos. En otros casos, si el niño está tosiendo y tiene "pitos" al respirar, puede tomar un preparado que le permitirá respirar mejor. Son las llamadas medicinas para aliviar.

TENGO ASMA

Texto: **Jennifer Moore-Mallinos**
Ilustraciones: **Rosa M. Curto**

Primera edición para Estados Unidos y Canadá publicada
en 2007 por Barron's Educational Series, Inc.
© Copyright 2007 de Gemser Publications, S.L.
C/Castell, 38; Teià (08329) Barcelona, Spain (World Rights)
Tel. 93 540 13 53
E-mail info@mercedesros.com

Dirigir toda correspondencia a:
Barron's Educational Series, Inc.
250 Wireless Boulevard
Hauppauge, New York 11788
http://www.barronseduc.com

ISBN-13: 978-0-7641-3786-0
ISBN-10: 0-7641-3786-7
Número de control de la Biblioteca del Congreso: 2006938822

Impreso en China
9 8 7 6 5 4 3 2